Toskana

lieben lernen

Der perfekte Reiseführer für einen unvergesslichen Aufenthalt in Toskana inkl. Insider-Tipps und Packliste

Alina Brandau

✈ INHALT

Das erwartet Sie in diesem Buch

Die Toskana gehört wohl zu den schönsten Regionen Italiens. Mit ihrer Vielseitigkeit bietet sie ein absolutes Genussgefühl für jedermann. Dank ihrer milden Temperaturen, der hügeligen Landschaft und dem schmackhaften Wein ist es ein beliebtes Urlaubsziel. Lassen Sie sich von den atemberaubenden Schätzen, welche die Toskana zu bieten hat, verzaubern. In diesem Reiseführer möchte ich Ihnen darlegen, was Sie von der Toskana erwarten können. Ich werde Ihnen

Grundlegendes über die Geschichte und Entwicklung der Region erzählen, damit Sie einen ersten Einblick in die Kultur bekommen können. Des Weiteren können Sie hier etwas über die Einwohner der Toskana und ihre Eigenarten erfahren. Die wichtigsten Sehenswürdigkeiten und Landschaften werden hier aufgegriffen. Über den ein oder anderen Geheimtipp dürfen Sie sich jetzt schon freuen. Zum Schluss erfahren Sie noch ein paar Tipps und Tricks, wie sich Ihre Ausgaben minimieren lassen. Nachdem Sie es durch den Reiseführer geschafft haben, sind Sie bestens auf Ihre Reise vorbereitet und vielleicht auch schon ein wenig aufgeregt.

Warum in die Toskana?

GESCHICHTE & ENTWICKLUNG

Wer der Toskana einen Besuch abstattet, der kommt nicht um die Geschichte herum. Sie hat so viel Kultur zu bieten, dass es sich lohnt vorher Grundlegendes zu erfahren. Historisch erwähnt wird die Toskana zum ersten Mal im 4.Jahrhundert v. Chr. Zu der Zeit sprach man aber noch nicht von der Toskana, sondern von Etrurien. Im 4.Jahrhundert wurde die Region von den Römern erobert und die fingen an, es nach den Einwohnern Tuszien oder Tuscia zu benennen. So entstand der Begriff, den wir heute als Toskana kennen. Etruskische Ruinen lassen sich auch heute noch überall in der Toskana finden.

Zu Zeiten des römischen Reiches erlebte die Toskana eine ruhige Zeit. Erst mit dem Untergang des römischen Westreiches wurde die Lage in der Toskana unsicher. Zunächst wurde es von Byzanz, dann von den Ostgoten und schließlich von griechischen und lombardischen Herzögen eingenommen. Im Jahre 1076 übernahm erstmals eine Frau die Herrschaft. *Beatrix* war eine Markgräfin, die ihre Macht später auf ihre Tochter *Mathilda* übertrug. Doch nach deren Tod brach ein Streit über die Herrschaft aus, denn sie selbst hatte keine Nachfahren.

Der Streit um die Regierung über die Toskana dauerte Jahrhunderte an. Er trug dazu bei, dass die größeren Städte, damals Republiken der Toskana, wie Florenz, Pisa, Siena, Arezzo, Pistoia und Lucca, immer unabhängiger wurden. Das 13. und 14. Jahrhundert ist von den Geschehnissen innerhalb der Städte und ihren Persönlichkeiten wie dem Dichter *Dante*, dem Maler *Giotto*, dem Schriftsteller *Boccaccio* und dem Humanisten *Petrarca* geprägt worden. Florenz nahm zu der Zeit immer mehr an Bedeutung zu. Mit der Unterwerfung Pisas im Jahre 1406 und der Regentschaft der Familie *Medici* wurde die Stadt immer mächtiger.

Die *Medici* holten Künstler, Poeten und Wissenschaftler aus allen Ecken Europas und förderten diese. Zu nennen wären hier *Galileo Galilei*, *Piero della Francesca* und *Leonardo da Vinci*. Genau die waren es, welche die Epoche und die Toskana prägten und einen unglaublichen Reichtum an Kunst hinterließen, den man sonst nirgendwo finden kann. Unter dem Einfluss der *Medici* konnte die Toskana gedeihen und im Laufe der Zeit wurde sie zunächst Herzogtum und später Großherzogtum. Nachdem der letzte *Medici* starb, wurde die Toskana von *Franz I.*, dem Herzog von Lothringen, übernommen. Da dieser jedoch nur einmal die Toskana besuchte, wurde den Fürsten die Macht erteilt. Doch diese zogen aus ihrer Position nur persönlichen Gewinn, indem sie unmögliche Steuern verlangten und die Einwohner verarmen ließen.

Sobald Fürst *Peter Leopold* die Toskana reformierte, erlebte die Region wieder einen Aufschwung. Im Jahre 1799 endete die Herrschaft der Habsburger und Napoleon erlangte die Macht in der Toskana. Nach zahlreichen Machtwechseln musste der damalige Großherzog *Ferdinand IV.* abdanken und die Toskana wurde letztendlich Teil des Vereinigten Königreichs Italien.

Die Einwohner der Toskana lebten ausschließlich von der Landwirtschaft ihres eigenen Landes. Erst ab den 1970er und 1980er Jahren kam der Tourismus hinzu und ließ die Einheimischen zu Wohlstand kommen. In den letzten 50 Jahren wurden die meisten Sumpfgebiete trockengelegt, um Platz für die Landwirtschaft zu schaffen. Auch der Weinbau ist ein wichtiger Zweig des toskanischen Wohlstands geworden.

Mit ihrer Fülle an Kultur ist die Toskana zu der beliebtesten und bedeutendsten Region Italiens geworden. Jede Stadt, jedes kleine Dorf verbirgt kleine wie auch große Schätze. Die Kirchen, die Gebäude, die Plätze erzählen die Geschichte des Landes.

BEWOHNER & IHRE TRADITIONEN

Jedes Land, wenn nicht sogar jede Region, weist andere Traditionen und Eigenschaften auf. Das trifft auch auf die Einwohner der Toskana zu. Das Lieblingsthema aller Toskaner ist gutes Essen. Für sie muss es nicht aufwendig sein, aber am besten frisch und natürlich wohlschmeckend. Für Reisende hat das bestimmt nur Vorteile. Da die Toskana sowohl am Meer liegt als auch über Wälder verfügt, ist die Küche sehr vielfältig. Vor allem Gerichte mit Bohnen, Edelkastanien und Olivenöl sind gängig.

Die Toskana weist auch viele Spezialitäten wie Biscotti di Prato, Schiaccia briaca, Panforte und Pecorino auf. Dies alles sollten Sie sich nicht entgehen lassen. Bekannt sind die Toskaner auch für ihre Weinherstellung. Zu den bekanntesten zählen Chianti, Brunello di Montalcino, Carmignano, Morellino di Scansano, Vernaccia di San Gimignano und der Vino Nobile di Montepulciano. Innerhalb der Esskultur ist erkennbar, dass die Italiener es nicht hektisch mögen. Sie genießen gerne ihre Essen mit viel Zeit. Aus dem Grund wird auch gerne die Siesta eingelegt. Da die Einheimischen viel Wert auf Essen und auf ihre Familie legen, gehen sie zur Zeit der Siesta oft nach Hause. Dies heißt für viele Touristen wiederum, dass Läden mittags geschlossen sind. Die Toskaner sind also richtige Genussmenschen. Sie gehen ihren Tag entspannt an und lassen ihn auch gerne entspannt ausklingen. Aus diesem Grund ist das Abendessen recht spät und die Toskaner sind bis in den späten Abend noch auf der Straße, wo sie sich mit Freunden und Nachbarn unterhalten. Die Menschen in der Toskana sind ein freundliches Volk, das gerne hilft und auch gerne ins Gespräch kommt. Haben Sie somit keine Angst, den Menschen dort eine Frage zu stellen oder auch einfach nach dem Weg zu fragen.

Toskanas bedeutendste Städte

FLORENZ

Florenz ist die Hauptstadt der Toskana. Die italienische Renaissance fand hier ihren Ursprung und sie gilt somit als das Herz der Toskana. Die Stadt floriert mit ihren beeindruckenden Bauwerken, weltbekannten Museen und ihren romantischen Straßen und Märkten. In keiner anderen Stadt Italiens kann man die Kunstgeschichte, Architektur und den Lebensstil der Italiener so erleben wie in Florenz. Beeinflusst von zahlreichen

Künstlern, Philosophen und Wissenschaftlern, wie *Leonardo da Vinci*, *Michelangelo*, *Niccoló Machiavelli* und *Galileo Galilei,* bietet die Stadt ein historisches Erlebnis.

Mit vielen Höhen und Tiefen gelang es Florenz, dank der Handelsfamilie *Medici,* im Spätmittelalter Zentrum für Handel und Finanzen zu werden. Die *Medici*, besonders *Cosimo de' Medici*, hatte ein besonderes Interesse an Kunst. Er war es, der zahlreiche Künstler förderte und auch zum Abschluss des Baus der berühmten Kathedrale in Florenz beitrug. Der *Duomo Santa Maria del Fiore* gilt als ein Meisterwerk der Renaissance. Der Bau der Kathedrale begann im Jahre 1229, konnte jedoch nicht vor 1436 abgeschlossen werden.

Grund dafür waren die Dimensionen, die die Stadt nicht verwirklichen konnte. Schließlich nahm sich *Brunelleschi* des Baus der Kuppel an. Nach dem Bau des Gebäudes dauerte es noch viele weitere Jahre bis es von innen ausgestattet und bemalt wurde. Das heutige Wahrzeichen der Stadt gilt als ein Muss für jeden Besucher. Der Blick in die Kathedrale lohnt sich nicht nur wegen des schönen und riesigen Innenraums, sondern auch wegen der unglaublich detaillierten Ausmalung der Kuppel, die von dem Künstler *Giorgio Vasari* 1572 angefangen und im Jahre 1579 von *Federico Zuccari* beendet wurde.

Wagen Sie doch den Weg hoch zur Kuppel. Wer die 463 Treppen hinauf schafft, wird mit einem schönen Rundblick auf die Stadt und die in der Ferne liegenden Berge belohnt. Doch auch die Fassade ist ein Blickfang. Mit ihrem dreifarbigen Marmor und toll angelegtem Muster beeindruckt sie jeden. In unmittelbarer Nähe befinden sich das Dommuseum, die Krypta, der Glockenturm *Giotto* und das Baptisterium. Es gibt für alle Sehenswürdigkeiten auf dem Domplatz ein Kombiticket, welches Sie entspannt im Internet buchen können. Der Preis dafür beträgt um die 20 Euro. Der Eintritt allein für den Dom ist jedoch umsonst.

Eine bedeutende Kirche, die sich in der Nähe des Doms befindet, ist die *Santa Croce*. In der Kirche werden die Grabmäler einiger berühmter Personen, wie *Machiavelli*, *Michelangelo*, *Galileo Galilei*, Rossini und *Dante Alighieri,* beherbergt. Mit einem Eintritt von 8 Euro kann man nicht nur die Kirche besichtigen, sondern auch die dazugehörigen Kapellen, das

Kirchenmuseum und den Innenhof des nahegelegenen Klosters.

Nicht weit vom Dom entfernt liegt die wunderschöne *Piazza della Signoria*. Der Platz ist das Zentrum für Touristen. Schon vor vielen Hunderten von Jahren fanden hier Feste und Ritterspiele statt. Hier finden Sie prunkvolle Gebäude wie den *Loggia dei Lanzi* und das mittelalterliche Rathaus, den *Palazzo Vecchio*. Der *Palazzo Vecchio* wurde 1299 bis 1314 im gotischen Stil erbaut und diente im Mittelalter der *Signoria*. Die *Signoria* war die Stadtregierung von Florenz. Sehr beeindruckend sind die Gemälde *Leonardo da Vincis* und *Michelangelos*, die an den Wänden des großen Saals hängen. Für Kunstliebhaber ist die *Loggia dei Lanzi* genau das Richtige. Hier findet man Kopien von weltberühmten Statuen aus der römischen und griechischen Mythologie.

Die Originale befinden sich in der *Galleria dell' Accademia* und den *Uffizien*. Die *Uffizien* befinden sich hinter der *Loggia dei Lanzi*. Ursprünglich waren sie ein Regierungsgebäude, in dem die Ministerien des 16.Jahrhunderts ihren Platz hatten. In der heutigen Zeit zählen sie zu den bedeutendsten Kunstmuseen weltweit, die nicht nur Kunst aus der italienischen Renaissance, sondern auch deutsche und französische Kunst aus dem 13. bis hin zum 18.Jahrhundert beherbergen. Unter anderem werden Gemälde und Skulpturen von *Leonardo da Vinci*, *Michelangelo* und *Raffael* ausgestellt. Das absolute Highlight jedoch ist das berühmte Gemälde Die Geburt der Venus von *Sandro Botticelli.* Die *Uffizien* kann man für einen Preis von 20 Euro besuchen und sie sind für einen Kunstliebhaber ein Genuss.

Unbedingt sehenswert ist der *Ponte Vecchio* (z. Dt. alte Brücke). Die Brücke zählt zu den ältesten Segmentbogenbrücken der Welt. Sie wurde im 14.Jahrhundert gebaut und ist auch heute noch ein Wahrzeichen der Stadt. Das Besondere an der Brücke ist, dass sich auf ihr viele Juweliergeschäfte finden lassen, in denen schon vor fünf Jahrhunderten Schmuck geschmiedet und verkauft wurde.

Wer sich auf der Brücke befindet, kann den *Vasarikorridor* entdecken. Dieser ist um die 800 Meter lang und verbindet den *Palazzo Vecchio* mit dem *Palazzo Pitti.* Dieser geheime Korridor wurde damals von den Adeligen zum sicheren Überqueren der Brücke benutzt. Ein Geheimtipp von mir ist es, sich auf den Weg zur *Ponte Santa Trinita* zu machen. Von dort aus hat man einen wunderbaren Blick auf die *Ponte Vecchio*. Wenn Sie bis zur Abenddämmerung warten, werden Sie mit einem herrlichen Ausblick belohnt.

Der *Palazzo Pitti* diente damals als Herrschaftssitz der Familie *Medici*. Die Fassade des riesigen Gebäudes ist schlicht gehalten, aber nicht weniger beeindruckend. Im Inneren des Palastes ist es im Gegensatz zum Äußeren sehr prunkvoll und er ist als Platz mehrerer Museen und Galerien unglaublich schön anzusehen. Hier kann man nicht nur die Kunstsammlung der Familie bewundern, sondern auch in die Geschichte abtauchen und die Gemächer bestaunen.

Der Eintritt für den *Palazzo Pitti* kostet 16 Euro. Doch zu dem *Palazzo Pitti* gehört auch der bewundernswerte *Giradino di Boboli*, in welchem man eine schöne Auszeit von dem Stadtleben genießen kann. Mit seinen 32.0000 Quadratmetern zählt er zu den größten italienischen Gärten. Mit seinen vielen Statuen und Brunnen, den breiten Kieselwegen, wunderschönen Alleen und zahlreichen Grotten kann man hier die Ruhe und Schönheit der Natur auskosten. Innerhalb des Parks befinden sich zwei Museen, zum einen das Porzellanmuseum und zum anderen das Silbermuseum. In beiden befindet sich eine Ausstellung der Sammlerstücke der Familie *Medici*. Der Preis für den Eintritt beläuft sich hier auf 10 Euro.

Die wohl berühmteste Statue der Welt ist der *David* von *Michelangelo*. Und den finden Sie in der *Galleria dell' Accademia*. Diese grandiose Statue hat einen ganzen Raum für sich. Sie ist knapp 16 Meter hoch und wiegt um die 6 Tonnen. 1501 bis 1504 aus einem einzigen Marmorblock gehauen, galt sie damals wie auch heute als ein Meisterstück. Neben noch fünf weiteren, jedoch unvollendeten Skulpturen *Michelangelos*, werden auch viele weitere Gemälde und Skulpturen von anderen bedeutenden Künstlern wie *Sandro Botticelli* hier ausgestellt. Der Preis für dieses Museum, welches einen hohen Stellenwert auf der ganzen Welt hat, beträgt 12 Euro.

Wer einen wunderschönen Blick auf die Stadt von oben werfen will, der sollte bei Sonnenuntergang dem *Piazzale Michelangelo* einen Besuch abstatten. Von dort aus hat man eine unglaubliche Aussicht auf den Dom, den *Palazzo Vecchio* und die *Ponte Vecchio*. Um den Platz herum kann man in einem guten Restaurant oder einer Bar den Abend ausklingen lassen. Achten Sie jedoch darauf, dass zu der Zeit der Ort sehr gut besucht ist.

Zu der typischen Florentinischen Küche gehört das salzlose Brot, das immer als Beilage mittags und abends serviert wird. Dieses Brot mag für Sie sehr gewöhnungsbedürftig sein, doch probieren Sie es in Kombination mit dem anderen wunderbaren Essen, das Sie vor sich haben. Sie werden überrascht sein, wie sehr es doch den Geschmack des Gerichtes hervorheben kann. Auch das *Bistecca alla fiorentina* ist ein Gaumenschmaus. Dieses gegrillte T-Bone-Steak vom Jungrind wird typischerweise blutig serviert, auf Wunsch jedoch auch länger gegart.

Da Florenz so viele Sehenswürdigkeiten hat, empfehle ich den CityPass. Damit erhalten Sie nicht nur viele Ermäßigungen, sondern man spart auch Zeit an den Warteschlangen. Je nachdem wie viel Zeit Sie in der Stadt verbringen möchten, können Sie den CityPass von einem Tag bis auf drei Tage erweitern. Die Preisspanne für Erwachsene beläuft sich hier von 54,90 Euro bis auf 74,90 Euro. Kinder und Jugendliche bezahlen weniger für ihr Ticket.

Auch für Gourmets gibt es in Florenz tolle Köstlichkeiten. Auf dem *Mercato Centrale* können Sie authentisches italienisches Essen zu einem guten Preis bekommen. Hier finden Sie alles von eingelegten Oliven, frischen Früchten bis hin zu Käse, Brot, Öl, Wein und Fleisch. Der Markt eignet sich gut für Familien mit Kindern, denn hier findet jeder etwas, was er gerne essen möchte. Auch für Alleinreisende ist der Markt ein Erlebnis, nicht nur für den Gaumen, sondern auch um Menschen kennenzulernen.

Florenz kann man auf verschiedene Weise erreichen. Die Stadt besitzt einen relativ kleinen Flughafen (*Amerigo Vespucci),* der fünf Kilometer vom Zentrum entfernt ist. Von da aus kann man seit 2019 die Straßenbahn T2 nehmen, die direkt in die Innenstadt fährt. Für Zugreisende ist der Hauptbahnhof *Stazione Firenze Santa Maria Novella* das Ziel. Er befindet sich nur einige hundert Meter von der Altstadt entfernt. Trotz der vielen Sehenswürdigkeiten, die Florenz bietet, ist die Stadt überschaubar und alles ist hervorragend zu Fuß zu erreichen.

Ich empfehle, die Stadt nicht mit dem Auto zu erkunden. Zum einen ist es verboten, das Zentrum als Tourist mit einem Auto zu befahren, zum anderen ist es ohne Auto angenehmer. Der Straßenverkehr in Florenz ist hektisch und es gibt so gut wie keine

Parkplätze. Parken Sie am besten außerhalb der Stadt und nehmen Sie einen Bus, der Sie in das Zentrum bringt.

PISA

Viele verbinden Pisa mit dem *Schiefen Turm*. Durch ihn erlangte die Stadt an Weltruhm. Doch Pisa bietet mehr. Die schönen Gassen und die freundlichen Einheimischen geben einem das wahre italienische Lebensgefühl. In der Stadt gibt es auch andere wundervolle Sehenswürdigkeiten wie den *Piazza dei Cavalieri* und die Altstadt.

Unzweifelhaft ist die Hauptattraktion Pisas der *Piazza dei Miracoli* mit seinem *Schiefen Turm*, der Taufkirche und dem Dom. Man begann 1173 mit dem Bau des Turms, doch dieser wurde erst 1372 fertiggestellt. Mittlerweile gibt es strenge Regeln für den Aufstieg auf den Turm. Da der Andrang so groß ist, kann man sich nur noch Eintrittskarten mit einem bestimmten Termin holen. Der Dom *Santa Maria Assunta* wurde trotz der 200 Jahre Bauzeit mit einer gleich gebliebenen Fassade ausgeschmückt. Der Dom galt damals als Vorbild für die Dome in Florenz und Siena. Mit seiner schönen Innenausstattung ist der Dom einen Blick wert. Die von 1152 bis 1394 erbaute Taufkirche in Pisa ist die größte der Welt. Wer ein Ticket für den *Schiefen Turm* oder die Taufkirche hat, kann den Dom umsonst besuchen.

Wenige Gehminuten von dem *Piazza dei Miracoli* liegt der älteste Botanische Garten Europas *Orto Botanico*. Der 1543 angelegte Garten beherbergt heute um die 550 verschiedenen Pflanzenarten und 140 Heilpflanzen. Zu den ältesten Pflanzen gehören ein Ginkgobaum und eine Magnolie aus dem Jahr 1787. Nicht weit entfernt von dem Garten liegt die Altstadt Pisas und damit der *Piazza dei Cavalieri.* Auf dem Platz kann man, umgeben von schönen Bauten der Renaissance wie dem *Palazzo della Carovana*, dem Uhrenpalast *Palazzo dell'Orologio* und der imposanten Kirche *Santo Stefano dei Cavalieri,* Straßenmusikern zuhören. Wer durch die kleinen Gassen der Altstadt schlendert, landet schließlich am Fluss Arno, wo man durch die Marktstände stöbern kann und die Atmosphäre entlang des Ufers genießen.

Dank des Flughafens *Galileo Galilei* ist Pisa einfach mit dem Flugzeug zu erreichen. Da der

Flughafen in der Nähe der Stadt liegt, kann man mit dem Bus schnell ins Zentrum gelangen. Wer mit dem Zug anreist, fährt bis zu dem *Stazione Ferroviaria Pisa Centrale*. Von dort aus dauert der Weg in das Zentrum nur noch 20 Minuten zu Fuß.

SIENA

Siena wird oft als die schöne Konkurrentin von Florenz bezeichnet. Mit ihrem mittelalterlichen Charme und ihren schönen Bauten ist sie ein kleiner Schatz der Toskana. Nur durch die Stadt und ihre engen Gassen spazieren zu gehen, ist ein echtes Highlight.

Auf dem *Piazza del Campo*, im Herzen der Stadt, findet jährlich das beeindruckende Pferderennen *Palio di Siena* statt. Diese Veranstaltung hat schon seit dem Mittelalter eine lange Tradition und findet am 2.Juli und am 16.August statt. Dieses Rennen ist etwas Einzigartiges und man sollte es sich nicht entgehen lassen. Auf dem *Piazza del Campo* steht auch der *Palazzo Pubblico*. Das Rathaus hat einen begehbaren Turm, von dem man einen beeindruckenden Blick auf die Stadt hat. Wer den 88 Meter hohen *Torre del Mangia* mit seinen 400 Stufen betreten will, muss mit einem Eintrittspreis von 10 Euro rechnen. Rund um den Platz können Sie sich ausruhen und italienische Köstlichkeiten probieren.

Von dem Turm aus hat man einen guten Blick auf den wunderschönen Dom Sienas. Die *Cattedrale di Santa Maria Assunta* ist mit ihrer atemberaubenden Fassade, in Weiß mit schwarzer Marmorierung, ein Eye-Catcher. Der von 1196 bis 1339 erbaute Dom ist im Inneren mit Gemälden von *Michelangelo*, *Bernini* und *Donatello* verziert.

Für Kunstliebhaber gibt es auch in Siena das *Museo dell'Opera*, dort können Sie die Statuen von *Giovanni Pisano* und weiteren bestaunen.

Siena ist berühmt für ihr verschiedenes Gebäck, wie das *Panforte*. Dieses Gebäck ähnelt einem Kuchen und wird aus kandierten Früchten, Mandeln und Gewürzen hergestellt. Ursprünglich hat man es nur zur Weihnachtszeit gegessen, heute jedoch kann man das ganze Jahr über in den Genuss kommen.

Um nach Siena mit dem Flugzeug zu gelangen, muss man auf den Flughafen in Florenz ausweichen. Von dort aus müssen Sie mit dem Zug oder dem Bus zum Hauptbahnhof der Stadt fahren. Mit dem Auto ist Siena ebenfalls gut erreichbar, jedoch dürfen

Autos nur mit einer Sondergenehmigung in die Stadt. Hinzu kommt, dass Parken sehr teuer ist und es so gut wie keine Parkplätze gibt. Generell gilt, dass man sich innerhalb Sienas lieber zu Fuß bewegt als mit einem Auto. Und dies ist auch gut machbar.

SAN GIMIGNANO

Das *Manhattan des Mittelalters*. So bezeichnet man die historische Stadt San Gimignano. Diesen Namen verdankt die Stadt ihren zahlreichen Türmen, die von damaligen Adelsfamilien errichtet worden sind. San Gimignano bietet eine wunderschöne Altstadt, viel Geschichte und eine Landschaft wie aus dem Bilderbuch.

Am besten beginnen Sie Ihre Reise an dem Haupttor *Porta San Giovanni*, welches aus dem 13.Jahrhundert stammt. Von hier aus führt der Weg durch die *Via San Giovanni* in das Zentrum der Stadt. Entlang der Straßen können Sie die kleinen Geschäfte oder Museen besuchen. Ein weiteres schönes Plätzchen ist die *Piazza della Cisterna*. Doch in unmittelbarer Nähe befindet sich der größte Platz der Stadt, der *Piazza del Duomo*. Hier im Zentrum der

Stadt stehen sieben Türme und die Stiftskirche. Der *Duomo di San Gimignano* ist eine Kirche aus dem 12. Jahrhundert, in der sich Fresken und Arbeiten von *Domenico Ghirlandaio, Benozzo Gozzoli, Taddeo Di Bartolo, Lippo Memmi* und *Bartolo di Fredi* befinden. Die dreizehn Geschlechtertürme sind das Wahrzeichen der Stadt. Geschlechtertürme wurden damals von den Adligen errichtet, um ihre Macht zu demonstrieren. Damals galt, wer den höchsten Turm hat, hat das höchste Ansehen. Wie andere Bauten stammen die Türme aus dem 11. und 12.Jahrhundert. Der größte Turm ist der *Torre Grossa*. Mit seinen 250 Stufen und 57 Metern Höhe ist der Turm jeden Cent wert. Von oben hat man einen ausgezeichneten Ausblick auf die Stadt und die umliegende Landschaft der Toskana, vielleicht auch einen der schönsten Ausblicke der Toskana.

Wie auch Siena ist San Gimignano durch den Flughafen in Florenz am besten zu erreichen. Von dort aus fährt man mit dem Auto oder dem Bus in die Stadt. Da die Stadt nicht zu groß ist, lässt sie sich sehr gut zu Fuß besuchen.

LUCCA

Lucca ist für seine Befestigungsanlagen aus dem 16.Jahrhundert bekannt. Das Erstaunliche ist, dass diese bis heute noch gut erhalten sind.

Nachdem die Mauer um Lucca nicht mehr gebraucht wurde, hat man Bäume gepflanzt und einen Ort zum Ausruhen geschaffen. Entlang der Mauern gibt es viele Türme, die damals als Wohnungen fungierten. Der berühmteste Turm ist der *Torre Guinigi*, der der Familie *Guinigi* gehörte. Wer den Aufstieg wagt, wird einen schönen Blick über die Stadt erhaschen können.

Der *Piazza dell` Anfiteatro* ist ein großer ovaler Platz, der umgeben ist von schönen alten gelben Häusern. In diesen Gebäuden können Sie die Atmosphäre des Platzes mit einem Glas Wein oder etwas zu essen auf sich wirken lassen. Damals um 1830 wurde der Platz von *Lorenzo Nottolini* rekonstruiert. Er hat sich dabei sehr an das römische Amphitheater angelehnt.

Lucca ist auch berühmt für den *Duomo di San Martino*. Der Dom wurde vom 13.Jahrhundert bis in das 15.Jahrhundert gebaut. Das Äußere des Doms ist im romanischen Stil gehalten, wohingegen das

Innere viele gotische Elemente aufweist. Der dazugehörende Glockenturm ist 69 Meter hoch und für Besucher betretbar. In der Kirche werden sehenswerte Altarbilder wie auch das Grabmal von *Pietro da Noceto* beherbergt.

Auch Musik-/Opernliebhaber kommen in Lucca nicht zu kurz. Als Geburtsstadt des Opernkomponisten *Giacomo Puccini* hat die Stadt einiges zu bieten. Das Geburtshaus des Künstlers wurde in ein Museum umgebaut. Hier können Sie in das Leben *Puccinis* abtauchen und sich einer professionellen Hausführung anvertrauen. Des Weiteren können Sie in der *Chiesa e Battistero di San Giovanni* eine Aufführung seiner Opern wie *Madame Butterfly* oder *La Bohéme* besuchen.

Wie auch alle anderen kleineren Städte ist Lucca durch den Flughafen in Florenz am besten zu erreichen. Von dort aus fährt man mit dem Auto oder dem Bus in die Stadt.

AREZZO

Arezzo ist ein Juwel der Toskana. Von Weinbergen umgeben, hat Arezzo ein mittelalterliches Flair. Nur wenige Touristen verirren sich in die Stadt mit ihrer wunderschönen Altstadt. Die Stadt bietet Ihnen Kunst, Kultur, Geschichte und ausgezeichnetes Essen und das, ohne sich durch die Menschenmassen drängeln zu müssen.

Die Altstadt ist das Schönste der ganzen Stadt. Da sie eine überschaubare Größe hat, ist alles zu Fuß erreichbar. Das Zentrum der Stadt ist der *Piazza Grande* mit seiner leicht abfallenden Neigung und einem alten Brunnen. Auf dem Platz befindet sich die *Santa Maria della Pieve*, die älteste Kirche Arezzos. Direkt daneben steht der *Palazzo della Fraternita dei Laici*. In diesem Palazzo können Sie eine Kunstausstellung und die astronomische Uhr *Giorgio Vasaris* bestaunen. Für 4 Euro können Sie sich die Ausstellung ansehen und auf den Glockenturm steigen. Von der oben gelegenen Terrasse werden Sie einen wunderschönen Blick auf die *Piazza Grande* und die Dächer der Stadt haben. Nach dem Besuch der Ausstellung können Sie es sich mit leckerem toskanischem Essen und einem Glas Wein auf dem *Piazza Grande* gemütlich machen. Durch die Gassen zu spazieren kann auch in Arezzo zu einem Erlebnis werden. In den Gassen der Altstadt lässt es sich gut shoppen, essen und trinken. Der Piazza ist auch ein Ort vieler Veranstaltungen. Zum einen wird jeden dritten Sonntag im Juni und jeden ersten Sonntag im September das *Giostra del Saracino* veranstaltet. Bei diesem Ritterspiel müssen die Teilnehmer verschiedene Aufgaben meistern. Zum anderen findet jedes erste Wochenende im Monat ein Antiquitätenmarkt statt, den Sie sich nicht entgehen lassen sollten.

Eine von weitem schon erkennbare Sehenswürdigkeit ist der Glockenturm des *Duomo San Donato*. Der Dom zählt zu den größten Kirchen der Toskana und wird Sie nicht nur von außen, sondern auch von innen mit seinen Kunstbildern von *Donatello, Giorgio Vasari* und *Piero della Francesca* beeindrucken.

Für Kunstliebhaber sind die Geburtshäuser *Petrarcas* und *Vasaris* ein Muss. Als Begründer der Renaissance gilt der 1304 geborene *Francesco Petrarca* als einer der wichtigsten Schriftsteller der frühen italienischen Literatur. In seinem Geburtshaus werden viele seiner Schriftstücke und Werke ausgestellt. Auch das Geburtshaus *Vasaris*, eines bedeutenden Malers und Architekten, ist interessant. In dem Haus, in dem er 1511 geboren wurde, werden Gemälde und Pläne von ihm gezeigt.

Das Amphitheater mit dem archäologischen Museum bietet einem eine Reise durch die Zeit. Hier sind nur noch Fragmente der Spuren der Römer erkennbar, jedoch sind diese nicht weniger interessant.

Über den Flughafen in Florenz ist Arezzo am besten erreichbar. Von dort aus fährt man mit dem Auto oder dem Bus in die Stadt.

PISTOIA

Ein weiterer, schöner Ort, der reich an Geschichte und Kultur ist, ist die schöne Stadt Pistoia, die nur einen Fuß von dem Apennin entfernt ist. Abseits der Touristenströme kann man hier durch die schöne Altstadt spazieren und sich dem italienischen Flair hingeben.

Das Zentrum der Stadt ist der *Piazza del Duomo*. Dieser Platz war am Anfang ein römisches Forum, dann ein mittelalterlicher Markt und ist nun das Herz einer reichen Renaissance-Stadt. In der Mitte des Platzes steht ein 67 Meter hoher Glockenturm. Wer einen schönen Ausblick auf die Stadt von oben haben möchte, sollte die 200 Treppen des Turms erklimmen und von dort den ersten Eindruck auf die Stadt bekommen. Die *Cattedrale di San Zeno*, welche im 12. und 13.Jahrhundert erbaut wurde, ist aufgrund des Silberaltars des heiligen Jakobus sehr sehenswert. Weitere schöne Gebäude des Platzes sind der *Palazzo dei Vescovi* und die Kirche *San Giovanni Fuorcivitas* mit ihrer wunderschönen grünen und weißen Marmorierung.

Um dem alltäglichen Leben der Einwohner näherzukommen, sollten Sie den *Piazza della Sala* besuchen. Dieser Ort ist einer der ältesten und Märkte werden hier schon seit dem 11.Jahrhundert gehalten. Dort wird alles von Fisch, Früchten bis hin zu Gemüse und Blumen verkauft.

Ein Highlight für Musikfans ist das größte Blues Festival der Toskana *Pistoia Blues*. Hier gab es schon Aufführungen von *Damien Rice, Sting, Bastille, Father John Misty, Santana* und den *Arctic Monkeys*. Das jährlich stattfindende Festival zieht um die 45 000 Besucher an und kostet von 25 Euro bis 75 Euro.

PRATO

Berühmt für ihre *Cantucci* und *Biscotti,* ist Prato einen Besuch wert. Obwohl die Stadt mit nicht so imposanten Kathedralen überzeugen kann, ist sie trotzdem genauso beeindruckend und wunderschön wie die anderen Städte der Toskana.

Der *Duomo di Prato* wurde im 10.Jahrhundert erbaut und ist damit die älteste Kirche der Stadt. Die gotische Fassade mit ihrer Marmorierung ist bis heute noch nicht komplett. Im Inneren finden Sie mehrere Skulpturen und farbenfrohe Fresken, die religiöse Szenen nacherzählen.

Der *Palazzo Pretorio* befindet sich auf dem *Piazza del Comune.* Es ist ein altes Gebäude, welches Prato schon seit hunderten von Jahren als Rathaus dient. Im Inneren gibt es ein Kunstmuseum, dessen Ausstellung sich stetig ändert.

Prato wird durch die Burg *Castello Svevo* ausgezeichnet. Die 1237 bis 1247 erbaute Burg für *Frederick II*, einen römischen Kaiser, bietet einen fantastischen Ausblick auf die Landschaft um Prato herum. Für ihr hohes Alter sind die Burg und ihre acht Wachtürme noch in einem sehr guten Zustand. Wer eine Reise in die Geschichte der Stadt machen möchte, sollte sich dieses Erlebnis nicht entgehen lassen.

Nur 30 Minuten entfernt, liegt der *Pafo di Bilan-cino*, ein angelegter See, der zum Entspannen ein-lädt. Dort finden Sie nicht nur zahlreiche Strände, an denen Sie sich eine Auszeit gönnen können, sondern Sie werden auch vielerlei Vögel und Schildkröten entdecken.

Biscotti ist ein Gebäck, welches ursprünglich aus Prato kommen soll. Dieser harte Keks, gefüllt mit sü-ßen Zutaten, ist einfach köstlich und Sie sollten ihn auf jeden Fall probieren. Halten Sie Ausschau nach Läden, die die Kekse noch selbst backen. Versuchen Sie doch auch einmal, den Keks in Wein einzutunken, denn dies tun die Italiener tatsächlich.

Toskanas schönste Landschaften

CHIANTI (GEBIET)

Das Chianti-Gebiet ist die Landschaft, die im Dreieck zwischen Florenz, Siena und Monte San Savino liegt, inmitten des Weinbaugebietes *Chianti Classico*. Für viele Touristen ist dieses Gebiet, besonders durch eine einzigartige, gartenähnliche Kulturlandschaft, die großflächigen Weinberge, die vielen Olivenhaine und die kleinen Wälder, sehr attraktiv.

Im Osten wird es durch die *Monti del Chianti* (Chianti-Berge) vom Arnotal abgegrenzt. Die Berge des Gebietes sind größtenteils mit Hainen von

Maronen bedeckt. Auf den meisten Hügeln gibt es mittelalterliche Städtchen und Dörfer, eine Burg oder ein Weingut. Mit ihren zahlreichen Bauernhöfen und Landgütern scheint diese Landschaft einem Bilderbuch zu entspringen. Aufgrund des großen Andrangs an Besuchern wurden viele ehemalige Landgüter in Hotels oder Ferienhäuser umgebaut. Da es keine großen Hotels gibt, sondern meistens nur kleinere Familienbetriebe, ist diese Gegend nie überlaufen und für eine Auszeit optimal. Die Landschaft selbst ist die größte und schönste Sehenswürdigkeit innerhalb dieses Gebietes. Durch jahrhundertelange Arbeit der Bauern wurde solch eine schöne Gartenlandschaft geschaffen, für Mensch und Tier.

Die größten Städte des Chianti sind Castellina und Radda. In diesen Städten gibt es viele Läden und auch exklusive Restaurants. Größere Städte wie Florenz und Siena lassen sich von dem Gebiet aus gut mit dem Bus oder dem Auto erreichen.

COLLINE METALLIFERE

Colline Metallifere ist ein Naturpark, der südwestlich von Siena liegt und zu den Provinzen Pisa, Siena und Grossetto gehört. Die atemberaubenden Kastanienhaine, Bäche und Felsen, die gesamte vielseitige Flora und Fauna mitsamt den heißen und kalten Quellen sind, was dem Naturpark seine Schönheit gibt.

Dank des guten Netzes an Wanderwegen ist *Colline Metallifere* ein abwechslungsreiches Abenteuer. Hierbei liegt die Betonung auf Abenteuer, denn Anfängern wird diese Region oft nicht empfohlen. Auch sehr empfehlenswert sind Wanderungen bei *Sasso Pisano*. Für jeden Wanderfan ist der *Parco delle Fumarole* mit seinen heißen Schloten, aus denen Wasserdampf und Gase kommen, ein Muss.

Anders als im Chianti sind die Dörfer in diesem Gebiet nicht touristisch frequentiert und es fehlt gänzlich an Läden, die zum Shopping einladen. Nichtsdestotrotz haben die Dörfer ihren eigenen Charme. Dank der Häuser und Treppen, die aus den Felsen zu wachsen scheinen, sind die Dörfer sehr sehenswert und verführen zu einem Spaziergang. Nennenswerte Städte sind Radicondoli und

Roccatederighi. In Radicondoli können Sie durch die ruhigen Gassen spazieren, die Kirche besichtigen und das geothermische Museum *Le Energie del Territorio* besuchen. Natürlich können Sie hier auch Ihren Einkauf erledigen oder es sich in einer guten Pizzeria gemütlich machen. In dem noch kleineren Roccatederighi gibt es zahlreiche Kirchen und Palazzi. Ein kleines Highlight hier ist das *Palio dei Ciuchi*. Dieses Eselrennen findet jedes Jahr am 14. August statt.

MAREMMA

Das sehr große Gebiet Maremma hat keine exakten Grenzen. Somit wird es in zwei Teile gegliedert. Zum einen in die *Alta Maremma*, die Colline Metallifere, Val di Cornia und Val di Cecina umfasst und zum anderen in die *Maremma Grossetana*, die die südliche Landschaft Grossetos abdeckt. Die vom Menschen gestaltete Landschaft hat viele Wäldchen, Naturparks und Reservate.

Die größte Stadt in der Maremma ist Grosseto. Die Stadt bietet hervorragende Möglichkeiten zum Shoppen, um italienisches Essen zu genießen oder auch Kunst zu bewundern. Der zentrale Platz der

Stadt ist der *Piazza Dante* mit seinem *Duomo di San Lorenzo* und dem *Palazzo Aldobrandeschi.*

Die Hügel der Maremma sind größtenteils mit Pinien und Macchia bedeckt und für jeden Entdecker ein Muss. Wer die Abwechslung liebt, sollte den *Parco Monti dell'Uccellina*, welcher ein Teil des Naturschutzgebietes *Parco Naturale della Maremma* ist, besuchen. Wer mit dem Auto anreist, muss schon früh dort sein, denn der Parkplatz ist auf 100 Fahrzeuge beschränkt. Eine weitere Möglichkeit, den Park zu erreichen, ist mit einem Bus, der von der kleinen Stadt Alberese herkommt.

Generell sind die Naturparks sehr gut beschildert, da brauchen Sie sich keine Sorgen zu machen. Da es unterschiedliche Touren und Routen gibt, ist für jedermann etwas dabei. Ob für Familien mit Kindern, sportlich sehr ambitionierte Urlauber oder auch für den etwas Langsameren unter uns. In der Maremma sind viele Spuren vergangener Kulturen zu finden. Man kann auf Wachtürme, Klosterruinen oder auch auf Höhlen stoßen, die schon vor tausend Jahren von Menschen bewohnt wurden.

Seit einigen Jahren nimmt der Tourismus an der Küstenseite der Maremma zu. Erkundigen Sie sich vorher, welche Aktivitäten vor Ort angeboten werden. Von Wassersportkursen bis hin zum Vergnügungspark kann alles dabei sein.

Ein beliebtes Ziel ist der *Monte Argentario*, eine bergige Halbinsel, die einem einen schönen Mix aus Seebädern und Natur bietet. An dem Ort Orbetello können Sie viele Vögel und andere Tiere bestaunen, während Sie sich gleichzeitig am Strand eine Pause gönnen und den Blick auf das Meer richten. In dem nahegelegenen Pinien- und Kiefernwald gibt es Füchse und Wildschweine, seien Sie also vorsichtig. Ein weiteres schönes Ziel auf dem *Monte Argentario* sind die zwei Fischerstädtchen *Porto Santo Stefano* und *Porto Ercole*. Die Städtchen werden durch wunderbare Buchten und Hügel umrahmt. Sie können den Tag in der Altstadt für einen Spaziergang nutzen oder entlang der Promenade des Yachthafens schlendern. In dem Ort gibt es auch für Golffreunde eine Golfanlage.

Ein weiterer beliebter Ferienort ist Follonica. Mit seinen vielen Ferienunterkünften und einem großen Seebad ist er optimal für Familien. Dort gibt es viele Möglichkeiten zum Radfahren entlang der Promenade.

Einer der vielleicht schönsten Orte Maremmas an der Küste ist Campiglia Marittima. In dem idyllischen, ruhigen Ort mit seinem bewaldeten Hügel lässt es sich abseits des Massentourismus gut wandern. An der Küste liegt auch der Fischerort Castiglione della Pescaia. Die mittelalterlich anmutende Altstadt und die Burg verleihen dem kleinen Ort einen gewissen Charme. In den kleinen steilen Gassen können Sie durch die Bars, Cafés und Eisdielen schlendern, die für jeden Geschmack etwas im Angebot haben. Ein Highlight des Ortes ist das Sumpfgebiet, welches am Fluss Bruna beginnt. Doch achten Sie auf die Mücken dort.

MONTE AMIATA

Ein erloschener Vulkan mit einer Höhe von 1738 Metern befindet sich in der südlichen Toskana – der *Monte Amiata*. Doch auch die Landschaft um den Berg herum, die überraschend anders ist als der Rest der Toskana, gehört zu dem Gebiet.

Dank des Vulkans gibt es zahlreiche Quellen und Thermalquellen, die noch nicht viele Touristen angezogen haben. Doch warum ist die Landschaft so anders als üblich? Mit jedem Schritt, den man dem Berg näherkommt, merkt man schnell, dass der Bewuchs zunimmt und es keine typischen Natursteinhäuser mehr gibt, sondern moderne Häuser, die an die Gebäude der Alpen erinnern.

Und dies hat auch seinen Grund, denn im Winter ist die Region von Schnee bedeckt. An den Hängen des Berges fühlt man sich wie in einem Märchenwald. Mit den vielen Hainen, den exotischen Zerr- und Flaum-Eichenwäldern und den manchmal noch austretenden heißen Gasen aus der Erde kommt es einem wie aus einem Bilderbuch vor. Der Gipfel des Berges wird *Vetta Amiata* genannt. Sie können, bis auf die letzten Höhenmeter, die Spitze des Berges mit dem Auto erreichen. Wer den Weg gehen möchte, der parkt weiter unten und nimmt die Route *Madonna degli Scouts*.

Wer einen schönen Ausblick vom Berg aus haben möchte, der muss sich auf den Weg zu einer der Aussichtsplattformen machen. Wenn Sie sich in einer der dortigen Imbissbuden stärken wollen, dann rate ich Ihnen davon ab. Die Qualität des Essens ist nicht empfehlenswert und oft nur überteuert. Decken Sie sich lieber vorher mit etwas zu essen ein.

Neben dem *Monte Amiata* steht der 1187 Meter hohe *Monte Labbro*. Besonders im Frühjahr ist es dort sehr schön, dank der vielen Blumen. Vor allem Krokusse, Dichter-Narzissen, Wildrosen, Stiefmütterchen und Orchideen wachsen dort. Ein pures Naturerlebnis wird einem dank der großen Anzahl an Vögeln geboten. Doch wenn Sie wirklich die einheimische Tierwelt kennenlernen möchten, dann rate ich Ihnen zu einem Besuch des *Parco Faunistico del Monte Amiata*. Doch vergessen Sie ihr Fernglas nicht, denn der Park ist sehr weitläufig.

Zwei der schönsten Orte um den *Monte Amiata* herum, sind Arcidosso und Santa Fiora. Ersterer ist eine Kleinstadt, die eine wunderschöne Altstadt auf einem Hügel mit einer Höhe von 660 Metern hat. Die Festung der *Aldobrandeschi Rocca aldobrandesca* ist von der zentralen Piazza aus leicht zu erreichen. Sehenswert sind zudem auch ein alter Uhrenturm und die gut erhaltenen Stadttore. Doch der schönste Ort am Berg ist Santa Fiora. Mit seinen Natursteinhäusern und den engen Gassen findet man sich im Mittelalter wieder. Die etwas düstere *Castello Aldobrandesco* und die *Peschiera*, ein Fischbecken, sind das Wahrzeichen der Stadt. Auch die vielen Parks sind für eine kleine Auszeit ideal.

Monte Amiata ist das pure Paradies für Wanderer und Naturliebhaber. Dank der zahlreichen Wanderwege und Parks ist ein Besuch abseits der Touristenpfade kinderleicht.

ETRUSKISCHE RIVIERA

Endlose Pinienwälder und wunderschöne Strände. Willkommen an der Etruskischen Riviera. Sie umfasst den Küstenabschnitt von Livorno bis Piombino.

Die Strände bestehen meistens aus Sand. Immer wieder kommen aber auch Steilküste und Kieselstrände vor. Das Zentrum der Etruskischen Riviera bildet die größte Stadt Livorno. Um die Schönheit der Stadt kennenzulernen, reicht es auch schon aus, an den vielen Geschäften in der *Via Grande* vorbeizugehen und sich in den vielen Bars oder dem *Mercato Centrale* dem Alltagsleben der Italiener anzupassen. An dem *Porto Mediceo* können Sie sich die alte Festungsanlage *Fortezza Vecchia* ansehen und auch den Mathilde Turm besteigen. Von dort oben aus wird Ihnen ein herrlicher Blick auf die Stadt geboten. Auch die *Fortezza Nuova* ist sehr sehenswert. Die heute in einen Park umgewandelte Festungsanlage war damals von hoher Bedeutung für die Stadt.

Die *Chiesa di Santa Caterina* ist der ganze Stolz der Einheimischen. Die 1869 fertiggestellte Kirche ist mit seinen 73 Metern höher als der *Schiefe Turm* von Pisa. Ein weiteres bedeutendes Gebäude der Stadt ist der *Duomo San Francesco*. Im Inneren des Doms finden Sie Gemälde von den Künstlern *Ligozzi*, *Passaginano* und *da Empoli*. Das Wunderbare ist, dass der Eintritt umsonst ist.

Das Stadtviertel *Venezia Nuova* wurde im 17.Jahrhundert angelegt und soll den Besucher nach Venedig versetzen. Die Kanäle der Stadt sind ihr Wahrzeichen und sorgen für ein schönes Stadtbild. Eine Bootsfahrt durch die Festungsgräben ist sehr empfehlenswert und eröffnet einem eine etwas andere Perspektive auf die Hafenstadt.

Ein Highlight der Stadt ist der Markt, der jeden Freitag stattfindet. Dorthin kommen die verschiedensten Händler aus der ganzen Toskana. Von Kleidung, Schuhen und Taschen bis hin zu Blumen, Pflanzen, Lebensmitteln und Dekorationsartikeln findet man hier fast alles.

LUNIGIANA

So gut wie unbekannt ist die sehr interessante Region zwischen der Toskana, der Po-Ebene und Ligurien. Doch der Mensch hat auch hier jahrhundertelang seine Spuren hinterlassen: in Form von Schlössern, Burgen und mit Kunstwerken aus der Renaissance sowie Barockzeit.

In Lunigiana können Sie wunderbar die Apuanischen Alpen entdecken. In den Alpen gibt es Marmorsteinbrüche, in denen jahrhundertelang die Rohstoffe für berühmte Statuen von *Michelangelo* und *Canova* abgebaut worden sind.

In den kleinen Städten Pontremoli, Fivizzano und Aulla können Sie von der Natur und Authentizität der Toskana verzaubert werden. Aber auch Orte an der Küste, wie Carrara und Massa sind optimal für einen Urlaub am Strand. In der Stadt Carrara können Sie die Steinbrüche besuchen oder die *Cava dei Poeti in Campocecina*, in der Sätze berühmter Persönlichkeiten verewigt wurden. Den Einheimischen sind in diesem Gebiet ihre Traditionen sehr wichtig. Deshalb gibt es viele lokale Festivals mit regionalem Essen und Wein.

Die Gegenden um Massa/Carrara bieten eine

hervorragende Möglichkeit, eine Auszeit am Meer zu verbringen. Mit einer 20 Kilometer langen Küste ist die Gegend ein Teppich von kleinen Orten und Fischerdörfern. Das bekannteste Fischerdorf ist Marina di Massa. Dort kann man sich nicht nur ideal entspannen, sondern auch vielen Aktivitäten wie Segeln und Schwimmen nachgehen.

MOTAGNOLA SENESE

Wälder pur, das zeichnet die Hügellandschaft südwestlich von Siena, die Montagnola Senese, aus. Sie umfasst einen Teil des Alta Val d'Elsa und des oberen Mersetals rund um Brenna. Der dichte Wald und die vielen Bäche und Flüsse sind das, was diese Landschaft einzigartig macht. Somit sind es weniger die Kulturschätze, die Montagnola Senese so interessant machen, sondern die naturbelassene Landschaft.

Die Flora innerhalb dieses Gebietes ist sehr vielfältig. Man findet eine Reihe an Stein- und Korkeichen, Wacholder, Esskastanien, Wildrosen, Ginster und Mäusedorn. Viele Einheimische kommen hierher, um wildes Gemüse, Kräuter, sowie Pilze und Beeren zu sammeln. Doch auch die Fauna zeigt, wie fruchtbar diese Gegend ist. Füchse, Dachse, Stachelschweine, Hasen und die verschiedensten Greifvögel haben hier ihren Lebensraum.

Zum Wandern, Fahrradfahren oder Reiten ist das Gebiet ideal, dank seiner gepflegten Wanderwege und Naturlehrpfade. Eine Wanderung hoch zu dem größten Berg, dem *Monte Maggio,* ist zu empfehlen. Hier können Sie die Naturschönheit auf sich wirken lassen. Erwähnenswert, von den vielen Klöstern und Kirchen, die es dort gibt, ist die *Pieve di Pernina,* die im 11. Jahrhundert gebaut wurde.

Montagnola Senese ist eine sehr traditionsgebundene Region, die viele lokale Feste zu Ehren eines Naturprodukts oder einer Speise veranstaltet. Zum Beispiel gibt es in Pievescola die *Sagra del Fungo.* In der Stadt wird damit ein Fest mit Steinpilzen in den unterschiedlichsten Variationen gefeiert. In *Casole d'Elsa* gibt es außerdem die *Sagra dei Prodotti Tipici della Montagnola Senese.* Das ist ein Fest mit Markt und Unterhaltungsprogramm, welches zu Ehren der Kastanie und noch vielen weiteren regionalen Speisen veranstaltet wird.

Um Ihnen die ultimative Entspannung zu gönnen, sollten Sie die Thermalquelle *Bagno di Petriolo* bei Pari besuchen. Hier können Sie es sich ohne unnötigen Schnickschnack in den drei Wasserbecken mit unterschiedlichen Temperaturen gemütlich machen und die Aussicht auf das himmlisch grüne Tal genießen.

VAL D'ORCIA

Der Anbau von Getreide, Sonnenblumen, Oliven und auch Wein machen die Landschaft des Gebietes Val d'Orcia aus. Es umfasst das Gebiet zwischen Buonconvento, dem Monte Amiata und Montepulciano.

Zur Frühlingszeit ist die Landschaft mit rotem Klatschmohn und zur Sommerzeit mit goldenem Weizen und Sonnenblumen geschmückt. Im Herbst dagegen ist das Tal ausgetrocknet und ohne Bewuchs. Für Besucher stehen Ferienanlagen oder auch nur noch Ruinen in der Landschaft. Mit ihrer wellenartigen Landschaft, den vereinzelten Alleen mit Zypressen und den Kirchen vermag die Region einem Bilderbuch entsprungen zu sein. In der Nähe des Dorfes Castelnuovo dell'Abate liegt das Benediktinerkloster *Abbazia Sant'Antimo*. Nicht nur die im 12. Jahrhundert erbaute Kirche beeindruckt mit ihrer Größe, sondern auch die Landschaft mit ihren silbrig schimmernden Olivenbäumen und gigantischen Zypressen lädt zu einem Besuch ein.

Ein beliebter Ort für eine Auszeit ist Bagno Vignoni. Er bietet Ihnen eine wunderschöne Aussicht auf das Tal. Beeindruckend an dem Ort ist das auf der zentralen Piazza stehende Natursteinbecken, in welchem Thermalwasser ist. Früher durfte man dort noch umsonst baden gehen, doch das übernehmen heute andere Thermalbäder. Ein kleiner Geheimtipp ist es, den Ortseingang zu besuchen. Denn dort verlaufen kleine Kanäle, in dessen unmittelbarer Nähe Ruinen und eine alte Mühle stehen. Auch ein altes Thermalbad steht noch dort und lädt zu einem angenehmen Fußbad ein.

Wenn Sie einen absolut spektakulären Ausblick über das Val d'Orcia erhaschen wollen, dann sollten Sie das Dorf Campiglia d'Orcia aufsuchen. Da das Dorf auf einem Felsen steht, bietet es einem einen unglaublichen Panoramablick auf das Tal.

Weitere Sehenswürdigkeiten gibt es in der Stadt San Quirico d'Orcia zu entdecken. Hier können Sie durch die Gassen der Altstadt schlendern und die Kirche *La Collegiata* mit ihren kunstgeschichtlich sehr interessanten Portalen besuchen. Zum Entspannen lädt der Barockgarten *Horti Leonini* ein, den Sie von der *Piazza della Libertá* aus erreichen können. Außerhalb der Altstadt befinden sich zahlreiche Bars und Restaurants in der Neustadt.

Nicht nur für Kunstliebhaber, sondern auch für Gourmets ist die Stadt Pienza ein Muss. Auf der zentralen *Piazza Pio II.* stehen der *Palazzo Piccolomini,* der *Palazzo Borgia* und der *Duomo Santa Maria Assunta*, alle drei entworfen von dem Renaissance-Architekten *Rosellino*. Abseits der Piazza können Sie entlang der Stadtmauern spazieren gehen. Ich empfehle Ihnen, sich zum Sonnenuntergang hier einzufinden, denn dann wird der Spaziergang zu dem absoluten Highlight des Tages. Zum Einkaufen lädt der *Corso Rossellino* ein.

Dort können Sie die Delikatessen der Stadt probieren und etliche Bars durchstreifen. Besonders beliebt hier ist der Schafskäse *Pecorino*. Jährlich findet die *Festa del Cacio* statt. Bei diesem Fest zu Ehren von Käse ist das absolute Highlight das Käsespiel, bei dem die Stadtteile gegeneinander Käse in eine Zielscheibe rollen. Wer dieses witzige Spektakel nicht verpassen möchte, sollte am ersten Wochenende des

Septembers einen Besuch nach Pienza einplanen.

LE CRETE SENESI

Kahl und trocken, das ist die Hügellandschaft zwischen Siena und Montepulciano. Für viele mag das nicht sehr einladend klingen, aber diese Landschaft hat ihre Reize, die noch nicht viele Touristen entdeckt haben.

Die meistbesuchte Sehenswürdigkeit der Le Crete Senesi ist die Benediktinerabtei *Monte Oliveto Maggiore* in der Nähe des Dorfes Chiusure. Die Lage des Klosters ist eher trist, doch umso imposanter wirkt das Grün, welches sich rund um die Klosteranlage erstreckt. Neben dem 1319 gegründeten Kloster sind auch die Fresken von *Luca Signorelli* und *Sodoma* sehr beeindruckend. Auch ein Kloster-Shop befindet sich im Nebengebäude. Dort können Sie handgemachten Honig und Kräuterlikör kaufen, hervorragende Mitbringsel.

Buonconvento ist eine der lebhaften Städte der Region. Hier können Touristen Restaurants und kleinere Läden besuchen. Besonders beeindruckend sind die Stadtmauer aus dem 13. Jahrhundert und die wunderbare Altstadt mit ihren engen Gassen.

Das größte Thermalbad ist die *San Giovanni Terme*, in der Sie sich einfach nur entspannen können. Mit einer weitläufigen Liegewiese und verschiedenen Becken verteilt auf drei Ebenen ist Ihnen Ihre Auszeit sicher. In der eingebauten Bistro-Bar können Sie sich mit warmen wie auch kalten Speisen stärken und einen wunderbar entspannten Urlaubstag verbringen. Das älteste Thermalbad *Antica Querciolaia* hingegen bietet zusätzlich zur Entspannung auch Sport und Kosmetikprogramme an. Es gibt ein Hammam und ein Kurzentrum für medizinische Anwendungen und Kosmetik. Hier können Sie mehrere Tage zur Erholung verbringen.

CASENTINO

Casentino ist ein Gebirgstal zwischen Florenz und Arezzo. Zu beiden Seiten des Tals liegen der Apennin, der größtenteils Kastanienwälder hat. Die linke Seite des Tals ist heute ein Nationalpark, der im Herbst ein wahrer Traum ist. Auf der rechten Seite befindet sich der Pratomagno. Hier sind große Wiesen mit Kuh- und Pferdeherden. Beide Seiten des

Tals sind für Wanderer super.

Das Highlight der Region ist der *Nationalpark Casentino*, einer der größten und besterhaltenen Naturparks Italiens. Mit seinen 800 Kilometer Wanderwegen durch Wälder voller Kastanien und Eichen, beherbergt er eine Vielfalt an Tieren und Vögeln. Der Park lädt zu einer wunderschönen Entdeckungsreise durch Weinberge, Olivenhaine, kleine Dörfer und vorbei an romantischen Kirchen ein.

Viele bezeichnen Poppi, die Hauptstadt Casentinos, als Italiens schönstes Dorf. Bekannt ist es durch die *Guidi Burg* geworden, die jetzt ein Wahrzeichen der Region ist. Die Burg wurde von *Arnolfo Di Cambio* designt und gilt als Prototyp für seine Pläne für den *Palazzo Vecchio* in Florenz. Die Burg beherbergt hunderte von altertümlichen Manuskripten in ihrer *Rilliana* Bibliothek. Zwei weitere nennenswerte Burgen sind die Burg in Romena und in Porciano.

Empfehlenswerte kleinere Städte sind Bibbiena mit zahlreichen Einkaufsmöglichkeiten und Sansepolcro mit ihrer schönen Altstadt.

MUGELLO

Eine Region, die nur die wenigsten kennen, ist Mugello. Wer abseits der Touristenpfade reisen möchte, ist hier genau richtig.

Die berühmteste Sehenswürdigkeit Mugellos ist *Borgo San Lorenzo*. Obwohl sie wenig besucht ist, werden Sie hier kleine Steinstraßen, charmante Restaurants und schöne Kirchen wie die *Pieve di San Lorenzo* mit ihrem Uhrenturm finden. Eine weitere kleine Stadt ist San Piero a Sieve. Hier können Sie die schöne traditionelle Architektur bestaunen. Machen Sie eine Zeitreise durch Italien ohne die vielen Touristenmassen.

Für Badeurlaub ist der 1999 eröffnete *Bilancino See* optimal. Auch bei den Einheimischen ist er, besonders im Frühling und Sommer, sehr beliebt. Hier wird Ihnen alles geboten, was das Herz begehrt, von Picknickplätzen, Spaziergängen, Reiten, Schwimmen bis hin zu Kanufahren, Segeln und Surfen. Naturliebhaber sollten sich ihr Fernglas schnappen und es sich in einer der fünf Beobachtungshütten bei der *Oasi di Gabbianello* gemütlich machen. Vielleicht erhaschen Sie einen Blick auf einen seltenen Vogel, vielleicht einen Flamingo.

Für Kunstliebhaber ist der *Palazzo Vicari Mugello* in der Stadt Scarperia. Das Gebäude aus dem 14. Jahrhundert war für hunderte von Jahren das Zuhause der Familie *Vicari*, die damals als Gouverneure über die Region geherrscht hat. Im Inneren können Sie Werke von *Ghirlandaio* finden. Lassen Sie sich hier von der altertümlichen Glocke verzaubern, die von keinem anderen designt wurde als von *Filippo Brunelleschi*.

TOSKANISCHER ARCHIPEL

Sieben Inseln, das sind der toskanische Archipel. Montecristo, Pianosa, Giannutri, Giglio, Capraia, Gorgona und die größte Insel Elba. Der Legende nach soll Aphrodite ihren Perlenschmuck verloren haben, nachdem sie aus dem Wasser gestiegen ist. Der Schmuck zersplitterte und aus den Scherben entstanden die Inseln des toskanischen Archipels. Entdecken Sie am besten selbst, welche Schätze diese Inseln nun sind.

Den meisten wird wohl Elba bekannt sein. Die kleine, aber feine Mittelmeerinsel lockt jährlich immer mehr Besucher an. Sie bietet einem einen schönen Urlaub am Meer mit herrlich feinen Sandstränden und bunten Häusern. Doch auch viel Natur bietet die kleine Insel wie etwa Eichen-, Kastanien- und Pinienwälder. Auch allerlei Olivenhaine, Weinstöcke, Oleander, Palmen, Kakteen, Feigenbäume und Agaven sind hier wiederzufinden.

Wer mit der Fähre ankommt, kann in Rio Marina einlaufen. In diesem kleinen Städtchen an der Ostküste von Elba ist ein Spaziergang durch die engen Gassen ein Muss. Viele verbinden Elba auch mit Napoleon. Er begegnet einem überall auf der Insel. Vor allem in der Hafenstadt Portoferraio. Hier können Sie die Residenz, welche er bewohnt hatte, besuchen. Sehr empfehlenswert ist eine Rundfahrt mit der kleinen Eisenbahn, die am Hafen startet. Sonst lohnt sich die Hafenstadt auch für einen kleinen Bummel durch Lokale und Geschäfte.

Ein Highlight, was Sie sich auf keinen Fall entgehen lassen sollten, ist eine Fahrt mit der Gondel zum höchsten Berg *Monte Capanne*. In Pozzatello startet die Seilbahn und führt Sie bis auf 1016 Meter Höhe. Von dort oben werden Sie einen traumhaften Blick auf die Insel bekommen. Wenn Sie Glück mit dem Wetter haben, können Sie sogar einen Blick auf

Korsika oder die Insel Montecristo erhaschen. In unmittelbarer Nähe zu der Seilbahn können Sie die *Fonte Napoleone* aufsuchen. Von dieser Wasserquelle können Sie umsonst das reine Wasser abzapfen. Doch bringen Sie etwas Zeit mit, denn hier gibt es meist eine Warteschlange.

Am einfachsten gelangt man nach Elba, wenn man vorerst mit dem Auto oder auch mit dem Zug nach Piombino fährt. Von dort aus fahren regelmäßig Fähren nach Portoferraio. Während der 30 Minuten langen Fahrt können Sie die Meeresbrise und den Ausblick genießen.

Giglio ist eine weitere kleine Insel, die immer mehr Touristen anzieht. Der Hauptort Giglios ist *Giglio Castello*. Die aus dem 13. Jahrhundert stammende Burg liegt auf einer Höhe von 405 Metern und er ist mit seinen 570 Einwohnern der größte Ort der Insel. Der Ort mit seiner Burg ist von einer mittelalterlichen Mauer umgeben und aus diesem Grund auch so einzigartig. Wer den Weg auf den höchsten Punkt wagt, wird mit dem schönsten Blick über das Mittelmeer belohnt. Der größte Strand der Insel ist der in Nordwesten gelegene Campese. Hier können Sie das Baden, umgeben von dem Faraglione

Fels und dem Torre del Campese, genießen.

Capraia ist eine noch kleinere Insel, die ein Paradies für Vogel- und Naturliebhaber oder auch Geschichtsinteressierte ist. Mit ihrer unberührten Natur kann man hier eine friedliche und angenehme Atmosphäre genießen. Der einzige Ort der Insel wird Capraia Isola genannt und hat gerade mal 410 Einwohner. Trotz der geringen Größe des Ortes bietet er alles, was ein Tourist für seinen Urlaub braucht: Bank, Post, Restaurants und Hotels. Die Sehenswürdigkeit der Insel ist die Natur selbst, die Felsenküste, das tiefblaue Wasser und eine Landschaft voller Hügel. Die schönsten Badeorte hier sind *Cala della Mortola* im Nordosten oder *Cala dello Zurletto*.

An dem kleinen See *Stagnone* können Sie die Artenvielfalt der Vögel bestaunen. Doch das absolute Must-see der Insel ist die rote Bucht *Cala Rossa*. Die sich am Südende befindende Bucht bildet einen starken Kontrast zu den sonst schlichten Felsen an der Küste. Die Bucht besteht aus Überresten des Vulkankegels, welcher vor neun Millionen Jahren die Insel formte. Wer einem der Wanderwege folgt, wird auf die Festung *Forte San Giorgio* stoßen, oder auch östlich des Hafens den Aussichtspunkt *Bellavista* besuchen können. Von dort aus können Sie den Blick auf die Inseln Elba und Gorgona genießen.

Zu erreichen ist Capraia mit den täglich ablegenden Fähren von Torremar.

Die wohl geheimnisvollste Insel Italiens ist Montecristo. Sie ist das Zentrum vieler Legenden, jedoch ist diese Insel nicht für die Öffentlichkeit zugänglich. Jedes Jahr dürfen nur 1000 Besucher an zwei Terminen dorthin. Aufgrund der atemberaubenden Artenvielfalt gilt die Insel als ein Naturschutzgebiet und ist meist nur für Wissenschaftler zugänglich. Wem es gelingt, mit einer Erlaubnis die Insel zu besuchen, muss sich an die Anweisungen der vier dort lebenden Bewohner halten. Strandurlaub kann man hier gleich vergessen, hier geht es allein darum, die Natur in vollen Zügen zu beobachten und kennenzulernen.

Die kleine Insel Giannutri ist mit ihren Höhlen und Grotten an der gesamten Küste zum Tauchen ideal. Dank des Reichtums an Fischen, Korallen und Unterwasserwiesen ist es ein absoluter Traum für jeden Schnorchler. Doch auch hier herrschen strenge Regeln. Auf der Insel angekommen, dürfen Sie nur den Weg von der Cala Maestra bis zur Cala Spalamtoio und zurück gehen. Dies dient zur Erhaltung der

Natur. Die Insel ist für viele Zugvögel das Ziel, um sie als Nistplatz zu benutzen. Nur falls Sie eine Tour buchen, können Sie die anderen Orte der Insel, wie die imposanten Ruinen einer römischen Villa, die aus dem 2.Jahrhundert stammt, besuchen.

Wenn Sie die Insel sehen möchten, müssen Sie dafür die Fähre buchen, die dreimal pro Woche von Giglio ausläuft. Sie können die Insel aber auch vom Festland aus, durch den Porto Santo Stefano, erreichen. Auch von hier fährt die Fähre im Sommer täglich und im Winter dreimal in der Woche ab.

Pianosa ist keine typische Touristeninsel. Auf der Insel gibt es keine Hotels und Sie können die Insel nicht auf eigene Faust erkunden. Dies dürfen Sie nur, wenn Sie sich einer Exkursion oder Touristengruppe anschließen. Nur 250 Besucher dürfen jeden Tag zur Insel kommen, damit die Natur erhalten werden kann und wegen der Häftlinge. Pianosa ist nämlich eine Gefängnisinsel, jedoch ist das Gefängnis seit 1998 geschlossen. Es gibt nur noch vereinzelte Häftlinge, die aufgrund ihrer guten Führung auf die Insel gebracht wurden. Hier können Sie die Natur bewundern. Vor allem *Porto Romano*, eine Bucht, ist sehr empfehlenswert. Auch wenn die schönen

Strände und das kristallklare Wasser zum Baden einladen, ist es leider aus Naturschutzgründen nicht erlaubt.

Die Insel können Sie von Piombino oder auch von Elba aus mit einer Fähre erreichen.

Die Insel Gorgona ist eine weitere Gefängnisinsel. Jedoch darf man diese Insel nur betreten, wenn man einen der Insassen besuchen möchte. Wer die Insel als Tourist sehen will, muss sich einer Touristengruppe anschließen. Wem das gelingt, der kann das Grüne der Insel entdecken. Mit seinen eindrucksvollen Klippen und Steineichen und Aleppo-Kiefern ist es das wahre Wanderparadies. Auf der Insel gibt es um die 400 Pflanzenarten und Wildkaninchen. Aber auch Möwen und Schwalben werden Sie hier finden.

Zu erreichen ist die kleinste Insel des toskanischen Archipels mit einer Fähre vom Hafen Livorno aus.

VAL D'ELSA

Val d'Elsa ist eine Tallandschaft, die im Zentrum der Toskana liegt. Das zwischen Empoli, Florenz und Siena gelegene Tal wird oft dem Chianti-Gebiet zugeordnet. Jedoch unterscheidet sich Val d'Elsa erheblich durch ihre Landschaft und Geschichte. Aufgrund starker landwirtschaftlicher Nutzung bietet die Region einem kein einheitliches Landschaftsbild, sondern Bilder von Feldern aus roter Erde, Viehweiden, kleinen Wäldchen und anderweitig landwirtschaftlich genutzter Fläche.

Ein richtiger Touristenmagnet ist San Gimignano in der Val d'Elsa. Da ich zu Anfang schon viel über die Stadt berichtet habe, möchte ich mich nun auf die anderen Städte konzentrieren. Eine der kleineren Städte ist Colle di Val d'Elsa. Die Stadt lässt sich in drei Teile gliedern. Der erste Teil ist die Oberstadt *Colle Alta* mit dem Borgo und dem Castello. Im Tal liegt die Unterstadt *Colle Bassa*. Im oberen Teil der Stadt steht das Kloster San Francesco, welches Ihnen eine schöne Aussicht auf die Stadt bietet. Im Castello-Teil können Sie durch die herrlichen Altstadtgassen schlendern und es sich in einer Bar gemütlich machen. Im unteren Teil der Stadt finden Sie alles für den alltäglichen Bedarf. Auch sehenswert ist das Glasmuseum *Museo del Cristallo*.

Der kleine Ort Castello di Moteriggioni ist aufgrund seiner mittelalterlichen Stadtmauer und den 14 Wehrtürmen einen Besuch wert. Auch hier warten die engen Gassen und die italienischen Restaurants auf Sie.

Wenn Sie gerne wandern, kommen Sie in Val d'Elsa nicht zu kurz. Ein Tipp von mir ist der Naturlehrpfad *Sentierelsa* nahe Colle Val d'Elsa. Auf dem Weg entlang des Flusses Elsa kommen Sie an mittelalterlichen Kanälen, Mühlen, Grotten, einem Wasserfall und dort möglicherweise lebenden Tieren vorbei.

Ein weiterer Tipp meinerseits ist die Thermalquelle *Le Caldane*. Da sie weniger bekannt ist, gibt es hier nicht viele Besucher. Wer auf der Suche nach einer wenig besuchten Therme ist, ist hier genau richtig. Lassen Sie es sich zwischen den Ruinen des alten Badehauses gut gehen.

VERSILIA

Zu dem Gebiet Versilia gehören die Orte am Lauf des 24 Kilometer langen Flusses Versilia. In dem Gebiet, zwischen den Apuanischen Alpen und dem Park San Rossore, wird einem viel Kultur geboten.

Zahlreiche Städte der Gegend sind es wert besucht zu werden. Zum einen die Hauptstadt Pietrasanta. Sie ist ein beliebter Urlaubsort für Familien. Forte dei Marmi ist eine Stadt innerhalb dieses Gebietes, die dank den Resten einer antiken Burg und ihren Villen und Clubs bekannt wurde. In der Stadt finden zahlreiche Literaturfestivals statt, wie das Internationale Festival der Satire. Ein weiteres beliebtes Ziel ist Camaiore mit ihrem typischen historischen Zentrum. Schließlich gehört auch Viareggio dazu. Mit ihren Cafés, Nachtclubs und Jugendstilhäusern erhielt die Stadt seit dem 19.Jahrhundert immer mehr Aufmerksamkeit.

GARFAGNANA

Die zwischen den Apuanischen Alpen und dem A-
pennin liegende Gebirgslandschaft wird dominiert
von zahlreichen Edelkastanien, Eichen und Pinien.
Es gibt wenige Sehenswürdigkeiten in dieser Region.
Der Fokus in diesem Gebiet liegt auf Outdoor-Aktivi-
täten wie Wandern und Fahrradfahren.

Castelnuovo di Garfagnana ist die Hauptstadt
Garfagnanas. Die Stadt ist aufgrund der *Burg Rocca
Ariostea*, die im 12.Jahrhundert gebaut wurde, einen
Blick wert.

Beeindruckender als die Hauptstadt ist die Stadt
Barga mit ihrer Altstadt, die auf einer Anhöhe liegt.
Die Altstadt allein ist mit ihren farbenfrohen Häu-
sern und alten Holztüren das Highlight des Ortes.
Der zwischen dem 9. und 15.Jahrhundert erbaute
Duomo di San Cristoforo ist eine Sehenswürdigkeit
Bargas. Nachdem man auf der Terrasse an der Spitze
des Doms angekommen ist, hat man einen wunder-
baren Blick auf die Stadt und ihre terrakottafarbe-
nen Dächer.

Alles rund um das Thema Kosten

AUFENTHALT

Für die Toskana gilt generell, je abgelegener, desto günstiger die Unterkunft. Für diejenigen unter Ihnen, die eine Rundreise planen, kann das ein Vorteil sein, doch für diejenigen unter Ihnen, die nur einen Tagesausflug nach Florenz planen, ist das ein großer Nachteil.

Wenn Sie auf der Suche nach einer günstigen Bleibe sind, kann ich Ihnen nur den Süden der Toskana empfehlen. Hier finden Sie Ferienhäuser oder auch Ferienwohnungen, bei denen Sie viel Geld sparen können. Innerhalb großer Städte eine

Unterkunft zu finden, die nicht allzu teuer ist, ist nicht leicht. Generell werden Sie für jedes Budget passende Unterkünfte finden. Ich kann Ihnen nur das Übernachten auf einem Weingut ans Herz legen. Auf einem *Agriturismo* können Sie mit derselben Summe an Geld, die Sie zum Beispiel für ein Hotel in Florenz aufbringen müssten, viel mehr geboten bekommen: und zwar Verkostung des leckeren Weines. Das kann für einen absoluten Weinliebhaber zum genussreichen Aufenthalt werden.

Die Gegenden um die Küste herum sind normalerweise sehr teuer, besonders in der Hauptsaison, das heißt also im August. Die Küste zwischen Forte dei Marmi und Viareggio gilt als eine der teuersten. Hier finden Sie einige Luxusbleiben. Doch falls Sie einen Badeurlaub an der Küste planen möchten, der ihr Portmonee ein wenig schont, empfehle ich Ihnen die Küste zwischen Livorno und Grosseto.

TIPPS FÜR DEN KLEINEN GELDBEUTEL

Jeder weiß, dass eine Reise schnell sehr teuer werden kann. Aus dem Grund möchte ich Ihnen gerne meine Tipps und Tricks vorstellen, die Ihre Ausgaben stark verringern können. Setzen Sie sich am besten ein tägliches Geldlimit, exklusiv Unterkunftskosten. Innerhalb der großen Städte sollte sich der Betrag auf 80 bis 100 Euro pro Person belaufen, außerhalb deutlich weniger. Um besonders in Florenz Geld sparen zu können, folgen Sie dem Tipp des CityPasses. Mit ihm können Sie eine Menge Geld sparen. Es gibt keinen anderen Weg wie Sie ihre Ausgaben für Museen und andere Sehenswürdigkeiten verringern können. Um weiterhin bei Attraktionen zu sparen, sollten Sie genau planen, welche Orte Sie unbedingt besuchen möchten.

Das meiste Geld kann man immer bei der Unterkunft sparen. Hostels bieten eine super Möglichkeit, mit Geld zu haushalten. Wenn Sie sich aber nicht mit Gruppenzimmern und -bädern anfreunden können, dann sollten Sie Hotels auf vielen verschiedenen Portalen vergleichen, um somit das preiswerteste Zimmer zu bekommen. Ihr Geldbeutel wird Ihnen

Ihre Mühe später danken. Während der Hauptsaison zu reisen ist ein teures Vergnügen. Ich empfehle Ihnen, im Frühling bis Juni und im Herbst ab September die großen Städte der Toskana und die Küste zu besuchen. Dann haben Sie eine gute Chance, günstiger an eine Unterkunft zu kommen.

Generell gilt: Reisen Sie nicht hektisch. Passen Sie sich an das Alltagsleben der Toskaner an und genießen Sie ihren Ausflug. Hetzen Sie nicht von einer Attraktion zur nächsten, damit geben Sie nur mehr Geld aus und kommen nicht in den wahren Genuss.

Auch Essen ist ein großes Thema, bei dem Sie ihre Kosten immens reduzieren können. Ganz einfach: Gehen Sie nicht jeden Tag in den schönsten und renommiertesten Restaurants essen. Machen Sie es wie die Einwohner und stärken Sie sich in lokalen Trattorien und Pizzerias und erleben somit die toskanische Küche von ihrer authentischen Seite. Für Reisende, die vielleicht eine Ferienwohnung oder ein Ferienhaus mieten, bietet es sich an, in der Unterkunft selbst zu kochen. Auch das verringert ihre Kosten. Besuchen Sie doch mal den lokalen Markt und lassen sich dort zu neuen Ideen inspirieren.

Kommen wir nun zu dem wichtigsten, aber auch

geldintensivsten Thema: dem Flug, beziehungsweise der Anreise. Suchen Sie nicht Reisebüros auf. Ich empfehle Ihnen, im Internet eine ordentliche Recherche durchzuführen. Trotz der vielen Zeit, die dabei vielleicht draufgeht, sollten Sie es in Betracht ziehen. Es lohnt sich. Auch sollten Sie die Jahreszeit miteinbeziehen. Denn zur Hochsaison werden Flüge für mehr Geld angeboten. Wer eine Rundreise starten möchte, kann einen Flug nach Florenz buchen und sich dort einen Mietwagen leihen. Dann sind Sie startklar für eine Rundreise durch die wunderschöne Toskana. Für Familien lohnt es sich auch schon oft, von Deutschland aus mit dem Auto zu starten. Wer den Weg nicht scheut, kann das auch als eine Möglichkeit nutzen, in die Toskana zu gelangen und dabei flexibel zu bleiben.

Lohnt sich die Reise?

Eine Reise in die Toskana lohnt sich nicht nur für Naturliebhaber und Wanderfreunde, sondern auch für jeden, der mal aus seiner Stadt heraus möchte. Mit ihrer Bilderbuchlandschaft ist sie ein Muss für jedermann. Doch die Region hat mehr zu bieten als sanfte Hügel, grüne Zypressen und malerische Dörfer. Die Fülle an Kultur, die die Toskana aufweist, ist unglaublich beeindruckend und einzigartig auf der Welt. Im Mittelalter galt sie als das Zentrum der Welt und beherbergt auch heute noch die meisterhaften Kunstwerke zahlreicher berühmter Künstler und Architekten. Das große Stichwort ist das Mittelalter in der Toskana. Viele mittelalterliche Städte und Traditionen sind bis heute noch sehenswert und einfach einzigartig anzuschauen.

Auch aufgrund des Essens lohnt sich die Reise. Da die Toskana eine sehr traditionelle Küche hat, die sich der jeweiligen Saison anpasst, ist das Essen hier immer recht frisch und eine reine Gaumenfreude. Vergessen darf man hierbei nicht, dass immer ein gutes Glas Wein zu einem guten Essen gehört. Da die Toskana für ihren köstlichen Wein berühmt ist, ist man hier genau richtig, wenn man auf der Suche nach einer ausgewogenen Mahlzeit ist.

Wenn Sie eine Mischung aus Stadtleben und Nähe zur Natur haben möchten, sind Sie in der Toskana genau richtig. Mit ihren reizvollen Städten wie Florenz, Pisa und Siena bietet sie einem einen unglaublichen Reichtum an Kultur. Außerhalb der großen Städte können Sie in den Bann der magischen Landschaft mit ihren Weinbergen, Olivenhainen, Bächen, Felsen, zahlreichen Naturparks, und einer wunderschönen Küste mit kristallklarem Wasser gezogen werden. Werden Sie auf einer Reise durch die Toskana eins mit der Natur und reisen Sie hier in die Geschichte. Sie kommen nicht mehr aus dem Staunen heraus wie vielfältig die Flora hier ist und wie viele wilde Tiere die einzelnen Regionen noch beheimaten. Die Toskana ist einfach zu schön, um wahr zu sein. Wer verstehen möchte, wovon ich spreche, sollte sich auf den Weg in die Toskana machen und ihre Einzigartigkeit mit seinen eigenen Augen sehen.

Packliste

Geld & Finanzen

O (evtl.) Auslandswährung

O Bargeld

O Bauchtasche

O Brustbeutel

O Bauchtasche

O EC-Karte

O Kreditkarte

O Notfall-Telefonnummern der Banken

O Portmonee

Hygiene

O Haarbürste / Kamm

O Deo (klein)

O Shampoo

O Kulturtasche

O Sonnencreme

O Taschentücher

O Reise-Zahnbürste und Zahnpasta
O Verhütungsmittel

Kleidung

O Badeklamotten
O Gürtel
O Hosen kurz / lang
O Mütze / Cap / Hut
O Pullover
O Regenjacke
O Schlafanzug
O Socken
O Sonnenbrille
O Sportklamotten / Jogginghose
O T-Shirts
O Unterwäsche

Medikamente

O Blasenpflaster
O Anti-Durchfalltabletten
O Erste-Hilfe-Set

O Fiebertabletten

O Fiebertabletten

O Mückenschutz

O sonstige Medikamente

O Pflaster

O Kopfschmerztabletten

Unterlagen & Papiere

O ADAC Unterlagen

O Adresslisten für Postkarten

O Krankversicherungsnachweis

O Stadtplan

O Führerschein

O Unterlagen für die Unterkunft

O Wasserdichte Hülle für Reiseunterlagen

O Impfausweis

O Mietwagenunterlagen

O Personalausweis

O Reisepass

O Reisetagebuch

O evtl. Studentenausweis

O evtl. Visum
O Zug- / Bahn- / Flugticket

Taschen & Rucksäcke

O Koffer / Trolley / Reisetasche
O Regenhülle für Rucksack
O Rucksack

Schuhe

O Badeschlappen / Hausschuhe
O Schuhe und Wechselschuhe

Sonstiges

O Brille / Kontaktlinsen und Etui
O Buch zum Lesen
O Ohrenstöpsel und Schlafmaske
O Regenschirm
O Reisedecke
O Wasserflasche
O Wörterbuch

Elektronik

O Digitalkamera
O Handy
O Ladekabel
O Kopfhörer
O evtl. Steckdosenadapter
O Power-Bank

Herstellung und Verlag:

BoD – Books on Demand, Norderstedt

ISBN: 9783750494169

1. Auflage

Kontakt: Psiana eCom UG/ Berumer Str. 44/ 26844 Jemgum

Covergestaltung: Fenna Larsson

Coverfoto: depositphotos.com